Daniel Pannicke

Von Parias und Unterdrückung

Die Sinti und Roma

Impressum

Herausgegeben von der Sozialistische Alternative – SAV im September 2013

V.i.S.d.P., Satz und Umschlaggestaltung: Holger Dröge

Druck: CreateSpace, USA

Sozialistische Alternative – SAV
Littenstraße 106/107, 10179 Berlin
Telefon: (030) 24 72 38 02, Email: info@sav-online.de
www.sozialismus.info

Einleitung

Die Parias gehören im indischen Kastenwesen zu den Unberührbaren. Wer in diese Kaste hineingeboren wurde, wird von den Angehörigen der höheren Kasten gesellschaftlich gemieden und unterliegt dem Zwang als unrein definierte Arbeit zu verrichten. Obwohl die Verfassung, welche sich Indien im Zuge seiner Unabhängigkeit gab, jegliche Diskriminierung aufgrund von Kastenzugehörigkeit verbietet, ist die Unterdrückung, der Ausschluss aus dem sozialen Leben und Gewalt gegen die Unberührbaren noch heute Alltag in Indien, insbesondere im ländlichen Raum. Diese soziale Außenseiterposition der Dalits, wie sie sich selber nennen, wurde daher zum Synonym für den gesellschaftlichen Außenseiter.

Der Paria ist also der von der Gesellschaft Ausgegrenzte, der Ausgeschlossene, derjenige, den die Gesellschaft nicht anerkennen und aufnehmen will und der daher außerhalb von ihr stehen muss und nicht in sie integriert werden soll. Er ist quasi das Andere. Das heißt auch, dass der Paria gemacht wird. Der Paria existiert in seiner Außenseiterlage, muss dort existieren, weil es gewollt ist. Doch ein weiterer Aspekt muss bedacht werden. Der Paria wird in der Regel nicht nicht nur gemacht. Vielmehr wurde er gemacht, noch bevor er als Individuum existierte. Der Paria ist Paria meist qua Geburt. Weil er in eine Situation und eine Umgebung hineingeboren wurde, die er nicht verschuldet hat, auf die er keinen Einfluss hatte, ist er das, was er ist. Schließlich kann der Paria seine Lage meist nicht überwinden, er kann den Pariastatus nicht hinter sich lassen, auch nicht in dem er sich anpasst. Er muss und soll das Andere bleiben.

In der Menschheitsgeschichte wurden nicht nur die Dalits zu Parias, in dem gerade definierten Sinne, gemacht. Auch andere Menschengruppen wurden zu Parias, gar zu Pariavölkern gezwungen. In Europa traf es die Juden. Die jüdische Bevölkerung Europas, oder diejenigen die als solche betrachtet wurden, wurden über Jahrhunderte verfolgt, vertrieben oder ermordet. Sicherlich war die Verfolgung nicht jederzeit und am jedem Ort gleich intensiv. Gewiss konnten die Juden Europas sich auch Gleichberechtigung erstreiten. Doch der Antisemitismus als Herrschafts- und Unterdrückungsinstrument hat nie seine Bedeutung verloren und kulminierte im 20. Jahrhundert sogar zum tödlichen Wahn, der in der Shoah endete. Außerdem ist auch heute noch der Antisemitismus weit verbreitet, ebenfalls in der angeblich so demokratischen und gemäßigten „Mitte". Die Juden werden in letzter Instanz immer wieder zu Parias gemacht.

Doch in Europa gab und gibt es nicht nur den jüdischen Paria. Die Jüdinnen und Juden haben in ihrer Leidensgeschichte ungleiche Geschwister gefunden. Während der Antisemitismus „den Juden" zu einer alles kontrollierenden, zerstörerischen Macht stilisierte, wurde „der Zigeuner" zu einer Gefahr, nicht aufgrund einer scheinbaren Machtfülle, sondern anscheinend durch seine Machtlosigkeit.

Der „zigeunerische" Paria kann (oder vielmehr muss?) auf eine ähnlich lange und intensive Verfolgungsgeschichte zurückblicken, wie sein jüdischer Leidensgenosse. Frappierend sind auch die Ähnlichkeiten der Eigenschaften, welche beide Gruppen sich zuschreiben lassen mussten. Doch wenn der jüdische Paria zumindest scheinbar seinen Pariastatus überwinden konnte, ein zu offener oder gar eliminatorischer Antisemitismus nicht mehr so offen bzw. öffentlich gezeigt werden kann, so trifft dies nicht für den Antiziganismus zu. Wenn von „Zigeunern" statt von Roma oder Sinti, was die Eigenbezeichnung dieser Menschen ist, gesprochen wird, regt sich selten Widerspruch, können diese Menschen recht ungeniert verfemt und verachtet werden. In weniger bösartigen Fällen ist das Bild, welches von ihnen gezeichnet wird, von Idealisierungen geprägt. Das Wissen über eine der größten europäischen Minderheiten, ihrer Lage und deren Ursprünge ist erschreckend gering und oberflächlich. Die vorliegende Schrift möchte eine Einführung in die Geschichte der Roma, ihrer aktuellen Lage und die Gründe warum sie sich in dieser befinden geben, sowie Ursprünge und Ursachen des Antiziganismus skizzieren.

Vorurteil, Stigma, Idealisierung

Wenn in den Medien über Roma berichtet wird, dann oft in einem negativen Kontext. Häufig scheinen die Medienmacher ihren eigenen Vorurteilen zu erliegen. Das scheinbar ewig während Klischee des kriminellen, nicht integrationsfähigen oder nicht integrationswilligen Roma wird wieder und wieder reproduziert. Auch scheinen alle Roma ein Nomadenleben zu führen. Tatsächlich migrieren aber nur fünf (!) Prozent dauerhaft oder saisonal[1], die meisten sind sesshaft. Auch das Thema Kriminalität ist bei weitem nicht so einfach, wie es manchmal scheint. Roma die kriminell auffallen, sofern sie es denn tun, begehen in der Regel Armutsdelikte wie zum Beispiel Taschen- oder Metalldiebstahl. An Korruptionsdelikten, welche zum Beispiel in Rumänien, das Land mit der größten Romabevölkerung weltweit, ein enormes Problem darstellen, sind sie schon aufgrund ihrer Armut meistens nicht beteiligt. Auch werden Verbrechen wie Mord oder Körperverletzung nicht häufiger beobachtet als in der Nicht-Romabevölkerung. Es mag Roma geben, welche wie in Slums der dritten Welt leben, die Gewaltproblematik dieser teilen sie jedoch nicht.

Ein weiteres häufiges Klischee, welches besonders gerne von Boulevardmedien oder Lokalpolitikern bemüht wird, ist die sogenannte „Bettelmafia". Es besagt, dass die betreffenden Personen nicht für sich oder ihre Familie betteln, sondern in

---

1   Teichmann, Michael: Nomadisch und Sesshaft;Rombase; Januar 2002.
     http://romani.uni-graz.at/rombase/cgi-bin/art.cgi?
     src=data/ethn/topics/nomadic.de.xml (abgerufen: 07.08.2013).

Wirklichkeit ihr erbetteltes Geld an Hintermänner abgegeben müssen und diese sich damit ein Luxusleben finanzieren. Auch die Polizei stellt mal mehr, mal weniger konkrete Vermutungen auf. Doch wurde bis heute kein Beweis erbracht, dass so etwas wie eine Bettelmafia wirklich existiert[2]. Überhaupt ist es sehr auffällig, dass meist mit der Bettelmafia argumentiert wird, wenn mal wieder ein Bettelverbot in Innenstädten durchgesetzt werden soll oder wenn sich Politiker auf Stimmenfang befinden. Es ist auch ein Leichtes aus Eigennutz gegen eine Gruppe zu hetzen, die sich solcher Angriffe nur schwer erwehren kann, anstatt die tatsächlichen Probleme und deren Ursachen anzugehen. Doch wenn schon die Armut nicht bekämpft werden kann, dann müssen eben die Armen bekämpft werden.[3]

Auch sollte die entlastende Funktion solcher Gerüchte nicht außer acht gelassen werden. Es ist deutlich weniger unangenehm, einem bettelnden Menschen eine Spende zu verweigern, wenn man sich der Illusion hingeben kann, damit keine kriminellen Strukturen zu unterstützen. Faktisch sind es jedoch meist einfach nur völlig verarmte Romafamilien, die zusammen betteln. Das Gerede, dass sie von Bettelmafiosi ausgebeutet würden, entbehrt jeglicher Grundlage.

---

2   Auch der Autor konnte nach langer Recherche keine stichhaltigen Belege oder wenigstens ernsthafte Hinweise für ein „Bettelmafia"-Phänomen finden.

3   Dem kapitalistischen System wohnt die Tendenz inne, die Armut, welche es selbst erzeugt hat, verschleiern zu wollen. Da sich aber Armut offensichtlich schwer unsichtbar machen lässt, ist ein Scheitern praktisch vorprogrammiert. Die sichtbare Armut dokumentiert, dass der Kapitalismus nicht nur Wohlstand schafft und das auch nur für wenige und führt die Möglichkeit des eigenen sozioökonomischen Abstiegs vor Augen. Dies scheint eine der Ursachen für den Hass gegen sozial Schwache zu sein, welcher auch Roma , als vermeintlicher sozialer Bodensatz der Gesellschaft, trifft.

Es gibt jedoch noch eine andere Seite des Klischees. Hier ist der „Zigeuner" freiheitsliebend, nicht an ökonomische und gesellschaftliche Zwänge gebunden und gibt sich sorglos dem Müßiggang hin. Es ist das Stereotyp des edlen Wilden und einer romantischen, leidenschaftlichen und freien Lebenswelt. Exotik welche praktischerweise direkt vor der Haustür in Europa liegt. Opern wie zum Beispiel „Carmen" oder die Operette „Der Zigeunerbaron" sind Ausdruck davon. Diese Idealisierung der Roma entsprach und entspricht nicht der Realität und ist tatsächlich sogar enorm zynisch. Sie lässt außer acht, dass die Roma oft nicht freiwillig umhergezogen sind, sie vergisst auch das ihr Leben nicht weniger sorglos gewesen ist und ihre Geschichte viele Tragödien aufweist.

Auch die scheinbar wichtige Rolle der Familie für Sinti und Roma wird positiv wie negativ hervorgehoben. Diejenigen die es gut mit ihnen meinen, sehen hier das Idealbild des familiären Zusammenhalts und der Solidarität; diejenigen die es weniger gut mit ihnen meinen, werfen ihnen vor, dass ihre Familienstrukturen undurchsichtig und abgeschottet wären und sie daher kein Interesse am Kontakt mit der restlichen Bevölkerung hätten. Unbestreitbar ist, dass viele Sinti und Roma die Familie als außerordentlich wichtig erachten, einige ihrer Vertreter sogar sagen, man könne Sinti oder Roma nur im Familienzusammenhang sein. Warum die Familie eine so wichtige Bedeutung erlangt hat, lässt sich jedoch aus dem historischen, sozialen und ökonomischen Kontext erklären.

Letztlich bot und bietet heute noch die Familie Sicherheit und Rückhalt. Aber ist dies nun „typisch Roma"? Mitnichten. In vielen Teilen der Erde stellt die Familie eine wichtige, wenn nicht sogar die wichtigste und einzige Sicherungs- und Versorgungsinstanz dar. Die bürgerliche Politik fördert ein bestimmtes Familienbild. Die Familie wird als das Sinnbild der Fürsorge und Sicherheit dargestellt. Die Familie soll möglichst viele soziale Aufgaben wie zum Beispiel Erziehung und Pflege übernehmen und wird aber zu oft damit allein gelassen. Der erste Satz, der sich auf der Webseite der CDU, der vielleicht bürgerlichsten der großen Parteien in Deutschland überhaupt, zum Thema Familienpolitik lesen lässt, lautet wie folgt:

> „Ehe und Familie sind zentrale Fundamente unserer Gesellschaft. Familien mit Kindern bilden die Grundlage für eine langfristige stabile wirtschaftliche und soziale Entwicklung unserer Gesellschaft."

Weiter heißt es:

> „Die Familie ist eine der tragenden Säulen unserer Gesellschaft. In der Familie wachsen Kinder auf, in ihr werden Alte behütet. Familie bietet heute mehr Rückhalt als früher. Familien spiegeln den Wandel und den Lauf menschlichen Lebens wider. Familie ist kein Auslaufmodell, im Gegenteil: im Zeitalter der Globalisierung ist sie heute wichtiger denn je".[4]

Auch wenn es hier nicht offen gesagt wird, in der bürgerlichen Gesellschaft sind Familien unterschiedlich wertvoll. Die Familie ist eben nicht nur ein Zusammenschluss von Menschen, die ihr Leben zusammen leben wollen. Im Gegenteil: die Familie soll auch wirtschaftlich sein, soll eine Wirtschaftseinheit sein. Den Roma wird ihr familiärer Zusammenhalt vorgeworfen, ungeachtet der Tatsache, dass sie dem bürgerli-

---

4   In dieser Form ist der Text (Stand: August 2013) nicht mehr auf der Webpräsenz der CDU zu finden. Allerdings hat sich die Position der CDU zur Familie auch nicht geändert.

chem Familienideal (familiäre Solidarität etc.) wahrscheinlich mehr entsprechen als viele deutsche Familien. Aber ein großer Teil ist arm und gilt somit als vermeintlich wirtschaftlich nicht verwertbar. Daher sind sie unerwünscht.

Außerdem eignen sie sich als idealer Sündenbock, wie sich im Oktober des Jahres 2012 wieder zeigte. Diesmal rückten sie in den Mittelpunkt des Interesses der Medien, weil der Bundesinnenminister Friedrich sich über zunehmende Asylanträge aus Serbien und Mazedonien empörte. Da er beide Länder als „sichere Herkunftsländer" ansieht, sollen Barleistungen für Asylsuchende aus solchen Ländern gekürzt werden, um angeblichen „Asylmissbrauch" zu verhindern. Diese Aussagen richten sich vor allem gegen die Roma aus diesen Ländern und schüren weitere antiziganistische Vorurteile von Roma als Betrüger und falsche Asylsuchende, die dem Ansehen Mazedoniens und Serbiens im Ausland schaden würden.

Kurz darauf berichtete die Tageszeitung „junge Welt", dass sich besonders Mazedonien bei der Behinderung zur Ausreise hervortue. Pässe von Personen, die im Verdacht stehen in der EU Asyl zu beantragen, würden markiert und es gäbe Stempel mit denen man nicht mehr ausreisen kann. Auch würden Menschen an der Ausreise gehindert, indem ihnen die Reisepässe abgenommen werden[5]. Ihnen wird damit faktisch die Reisefreiheit genommen. Hier zeigt sich besonders markant die Heuchelei der bürgerlichen Politiker. Wurde die DDR noch dafür verurteilt, dass sie ihre Bürger nicht frei reisen ließ, so scheinen solche Maßnahmen heute nicht mehr problematisch zu sein, um unliebsame Menschen fernzuhalten.

---

5   Jelpke, Ulla: Sturm auf das Asylrecht; junge Welt, Ausgabe vom 17.10.2012; S. 5.

Dass es aber durchaus sehr triftige Gründe zur Flucht von Roma aus ihrer Heimat gibt, zeigt eine Untersuchung des Flüchtlingsrates Niedersachsen aus dem Jahre 2011[6]. Der Flüchtlingsrat stellte fest, dass Asylanträge aus Serbien mit erschreckender Regelmäßigkeit abgelehnt werden. Weder werden Diskriminierung, das Leben in Slums ohne Strom und Wasser oder sanitäre Anlagen, noch Zwangsräumungen illegaler Siedlungen, nach denen kein neuer Wohnraum zur Verfügung gestellt wird und die daher in die Obdachlosigkeit zwingen, noch die lang andauernde Bedrohung durch serbische Nationalisten als Fluchtgründe anerkannt, ebenso wenig sexuelle Übergriffe. Allerdings werden solche Fälle tatsächlich berichtet und sind keine Hirngespinste der Romaflüchtlinge. Was man über die Aussage von „sicheren Herkunftsländern" nicht behaupten kann. Die Situation von Roma in Serbien ist offensichtlich prekär. Ihre sozioökonomische und politische Lage soll deshalb genauer beleuchtet werden.

Aktuelle Lage

Wie viele Roma de facto in Europa leben, lässt sich schwer messen und ihre Größe schwer beziffern. Es gibt mehrere Gründe hierfür. Zum einen gibt es Länder, in denen Fragen zur Ethnie bei Volkszählungen nicht erlaubt sind. Zum anderen wird aber auch, sofern solche Fragen zulässig sind, von nicht wenigen Roma bei Volkszählungen nicht „Roma" sondern eine andere Nationalität angegeben, teils aus Angst oder Misstrauen, teils aus Scham oder auch einfach weil sie sich gar nicht mehr als Roma fühlen. Auch sind gerade in den

---

6   Flüchtlingsrat Niedersachsen; Roma-Flüchtlinge aus Serbien. http://www.nds-fluerat.org/projekte/roma-projekt/roma-fluechtlin ge-aus-serbien/ (abgerufen: 24.08.2013).

ärmsten Gebieten nicht alle Personen (ob Roma oder nicht) amtlich registriert und einige Regierungen setzen Schätzungen bewusst niedrig an. Letztendlich wird geschätzt, dass weltweit rund 7 bis 10 Roma Millionen leben, davon 1,45 bis 4,3 Millionen in Ost-Europa[7]. Doch wirklich genau und seriös beziffern lässt sich ihre Größe nicht.

Vor allem in Ost- und Südosteuropa leben viele von ihnen unter prekären Bedingungen. Eine Studie von UNICEF zur Situation von Kindern aus Romahaushalten in Südosteuropa kam zu erschütternden Ergebnissen[8]. 85 Prozent der Romahaushalte in der Region können eine ausreichende Ernährung nicht sicherstellen, Kinder aus solchen Haushalten sind viermal häufiger von ernährungsbedingtem Kleinwuchs betroffen als Kinder der übrigen Bevölkerung und in Serbien sterben Kinder von Roma im Durchschnitt dreimal häufiger im ersten Lebensjahr. In Rumänien leben zwei Drittel, in Albanien sogar 78 Prozent der Roma unter dem Existenzminimum von rund 100 Euro pro Monat, im Gegensatz zu „nur" 25 Prozent unter den Nicht-Roma in Rumänien und 22 Prozent in Albanien. In Serbien sind es immerhin noch 57 Prozent, in Mazedonien 34 Prozent. Nicht alle Armen in Südosteuropa sind Roma, aber ein erheblicher Teil der Roma ist arm. Wer kaum etwas hat, wird auch nichts sparen können. Nur wenige haben es seit dem Zusammenbruch des Ostblocks zu Wohlstand bringen können.

---

7   Leidgelb, Ellen; Horn, Nicole; Roma-Union Ffm. (Hrsg.): Opre roma! Erhebt euch!; AG SPAK Bücher; München 1994; S. 42.

8   Sedlmayer, Sebastian: Den Kreislauf der Diskriminierung durchbrechen; in Zwischen Integration und Isolation; Schlagintweit, Reinhard; Rupprecht, Marlene (Hrsg.); Metropol Verlag 2007; S. 105ff. Soweit nicht anders angegeben, stützen sich die nachfolgenden Angaben auf diese Quelle.

Auch der Zugang zu Bildung ist schwierig. Laut der Studie gehen bis zu 80 Prozent der Kinder aus Romafamilien nicht zur Schule, was unter anderem den Anteil von Analphabeten unter Roma zum Beispiel in Albanien, Serbien und Bulgarien hat ansteigen lassen. Die Gründe sind vielfältig. Die Bildungsferne des Elternhauses spielt eine Rolle, ebenso der Mangel an Geld für Schulmaterial oder den Bus zur Schule. Häufig werden Romakinder wegen Kleidung, Dialekt oder Hautfarbe gemobbt und wollen deshalb nicht mehr zur Schule gehen. Andere müssen frühzeitig bei der Betreuung kleinerer Geschwister helfen oder arbeiten um Geld zu verdienen. Zum Teil spielen aber auch überkommene Rollenmuster ein Rolle, einer Umfrage in Serbien zufolge mussten 57 Prozent der Roma-Mädchen die Schule aufgrund von Heirat abbrechen[9]. Aber ebenso erschweren Zuweisungen auf Sonderschulen den Zugang zu angemessener Bildung. Dies trifft zum Beispiel auf Tschechien zu, hier werden viele Romakinder immer noch pauschal auf Sonderschulen abgeschoben[10].

In Bezug auf ihre Wohnsituation kommt diese Studie auf nicht weniger miserable Zustände. 25 Prozent der Roma der Region lebt in baufälligen Gebäuden oder Baracken, 50 Pro-

---

9   Wobei dies nicht bedeutet, dass rückwärtsgewandte Rollenklischees und -muster nicht nur ein Problem der Roma oder gar Südost- oder Osteuropas sind. Westeuropa bzw. „die westliche Welt" kann nicht von einer Gleichberechtigung von Mann und Frau sprechen, solange Frauen im Beruf weniger als Männer verdienen, die unbezahlte Reproduktionsarbeit als Frauensache angesehen wird oder sexualisierte Gewalt fortbesteht. Für Arroganz besteht wahrlich kein Anlass.

10 Vgl. dazu die Berichte von Amnesty International: Injustice Renamed; Discrimination in Education of Roma Persists in the Czech Republic; 2010. Zusammen mit den Roma Right Centre: Five more Years of Injustice. Segregated Education for Roma in the Czech Republic; 2012.

zent lebt in Häusern ohne Anschluss an die Kanalisation und ein Drittel verfügt weder über Badezimmer noch Toilette. In Rumänien leben ein Drittel der Roma in regelrechten Ghettos. Auch die ärmere Bevölkerung unter den Nicht-Roma kennt solche Probleme. In Rumänien hat weniger als die Hälfte der ärmeren Bevölkerung Zugang zu fließend Wasser. In Serbien und Montenegro leben 10-15 Prozent der Gesamtbevölkerung ohne Anschluss an die Kanalisation, in Mazedonien sind es 7 Prozent.

Infolge der jüngsten Krise des Kapitalismus, welche 2007/08 begann und die wohl größte Krise seit knapp 80 Jahren ist, hat sich der antiziganistische Ton gegen die unliebsame Minderheit wieder einmal verschärft. Zweifelsohne haben unter der Krise Roma als auch Nicht-Roma zu leiden. Doch um von den wirtschaftlichen Problemen abzulenken, wird gegen sie gehetzt. In Ungarn, das von der Krise heftig getroffen wurde, hat der Hass auf Roma enorme Ausmaße angenommen. Es gab ebendort in den Jahren 2008/2009 mehrere Anschläge gegen Roma mit Todesopfern.

Einer davon ereignete sich am 23.02.2009 in Tatarszentgyörgy südlich von Budapest. Die Täter zündeten das Haus einer Romafamilie an. Als diese aus dem brennenden Haus flüchtete, wurde auf sie geschossen. Ein fünfjähriges Kind und sein Vater starben. Die Polizei wollte anfänglich nicht von Mord sprechen, die Versicherung weigerte sich den kompletten Schaden zu bezahlen[11]. Im August 2013 wurden endlich drei

---

11 Blaschke, Ronny: Die Ausgestoßenen; Berliner Zeitung; 28.05.2013.
    http://www.berliner-zeitung.de/archiv/in-ungarn-nimmt-der-hass-a
    uf-roma-zu--einer-von-ihnen--er-heisst-csaba-csorba--hat-bei-einem-
    anschlag-sohn-und-enkel-verloren--ein-besuch-die-ausgestossenen,1
    0810590,10719444.htm (abgerufen: 07.09.2013).

rechtsradikale Täter zu lebenslanger Haft verurteilt, ein Komplize zu 13 Jahren Haft. Die Morde wurden von diesen stets abgestritten. Zwei der Täter legten Teilgeständnisse ab, sie wären lediglich an den Anschlägen ohne Todesopfer beteiligt gewesen und hätten den Roma „nur" Angst einflössen wollen. Offensichtlich sollte aber auch gezielt eine gewaltsame Antwort der Roma-Community und damit eine Eskalation der Lage herbeigeführt werden. Es wird davon ausgegangen, dass noch ein vierter Täter beteiligt gewesen ist.[12] Das die Mörder verurteilt wurden, ist zu begrüßen. Allerdings ändert sich damit nichts an dem Unrecht, was Roma immer noch zugefügt und nicht sanktioniert wird. Jene Anschläge gegen Roma waren nicht einfach nur die Taten von rechtsradikalen Wirrköpfen, sondern ein trauriger Höhepunkt und Folge einer verbalen und praktischen Politik der Hetze und Entwürdigung. Es ändert leider auch nichts daran, dass vor allem Kriminalität mit Roma in Verbindung gebracht wird. Denn sollten Roma Verbrechen bezichtigt werden, schlägt dies riesige Wellen.

2011 erlangte das kleine ungarische Dorf Gyöngyöspata traurige, internationale Berühmtheit. Was war geschehen? Als „Reaktion" auf angeblich „ausufernde Zigeunerkriminalität" marschierten wochenlang faschistische Milizen durch Gyöngyöspata und terrorisierten die örtliche Romabevölkerung. Erst als 300 Roma, unter ihnen vorrangig Frauen und Kinder, mit Unterstützung des Roten Kreuzes evakuiert worden waren[13], sah sich die Regierung genötigt einzuschreiten und die

---

12 Lebenslange Haft für Roma-Mörder in Ungarn; Berliner Zeitung; 06.08.13.
    http://www.berliner-zeitung.de/politik/rassismus-lebenslang-fuer-roma-moerder-in-ungarn,10808018,23929466.html (abgerufen: 07.09.2013).
13 Offiziell handelte es sich dabei um ein länger geplantes „Ferienlager"

Milizen zu verbieten. Die angebliche „Zigeunerkriminalität" erwies sich als dreiste Lüge. Denn tatsächlich konnte ein Anstieg der Anzeigen bzw. Delikte nicht belegt werden. Aber danach gingen die Schikanen einfach weiter.

Die Wochenzeitung „der Freitag" berichtete Ende 2011, dass nach der Wahl eines Mitgliedes der offen faschistischen Jobbik-Partei zum Bürgermeister Ordnungsstrafen eingeführt wurden, welche vorrangig bei Roma geahndet würden. Beispielsweise würde das Laufen auf der Straße mit einem Strafgeld belegt. Die Gehwege in ländlichen Regionen sind indessen sehr schmal und in einem schlechten Zustand, des Weiteren ist der Straßenverkehr mehr als nur überschaubar. Um Roma weiterhin zu schikanieren, ist dies offenkundig kein Hindernis. Außerdem gründeten die Rechten einfach neue Organisationen, wie „der Freitag" weiterführend berichtet[14].

In anderen Ländern müssen Roma ebenso mit Gewalt durch Nationalisten und Faschisten rechnen. Es kann vor diesem Hintergrund nicht verwundern, wenn sie vor solchen Zuständen und Verfolgungen in andere Staaten Europas flüchten und auch in Deutschland ihr Glück suchen.

---

oder einen „Osterausflug". Die Betroffenen widersprachen dieser Behauptung vehement.

14 Knobloch, Peter: Mit allen Schikanen in Gyöngyöspata; der Freitag; 30.12.2011.
http://www.freitag.de/autoren/peter-knobloch/mit-allen-schikanen-in-gyongyospata (abgerufen: 07.09.2013)

Sinti und Roma in Deutschland

Laut dem Zentralrat Deutscher Sinti und Roma leben in Deutschland rund 70.000 Roma und Sinti mit deutscher Staatsangehörigkeit. Die Sinti leben seit 600 Jahren in Deutschland, die deutschen Roma wanderten im 19. Jahrhundert ein. Außerdem gibt es noch rund 40.000 bis 50.000 Roma, die als Flüchtlinge oder Arbeitsmigranten nach Deutschland gekommen sind[15]. Einige WissenschaftlerInnen setzen die Zahlen höher oder niedriger an. Diese Zahlen sind letztlich jedoch nur zweitrangig. Ihre soziale Lage in Deutschland ist von größerem Interesse. Wie sieht sie aus?

Auch in Deutschland sind Vorurteile weit verbreitet . Leider ist das keine Überraschung und war zu erwarten. Das viele Roma und Sinti gar nicht als solche sichtbar sind, tut dem anscheinend keinen Abbruch. Beispielsweise kamen viele Roma Ende der 60er Jahre aus Jugoslawien als Arbeitsmigranten nach Deutschland. Wahrgenommen wurden sie nicht als Roma sondern als Jugoslawen und nach dem Auseinanderbrechen Jugoslawiens waren sie eben Serben, Kroaten oder Bosnier. Auffälliger waren sie nicht. Auch Sinti, welche schon seit Generationen in Deutschland leben, versuchen so unauffällig wie möglich zu bleiben. Unter Sinti und Roma sitzt das Misstrauen gegenüber staatlichen Institutionen und die Angst vor Diskriminierung tief. Auch wird berichtet, dass Kinder aus Romafamilien häufiger auf Sonder- und Hauptschulen

---

15 Mihok, Brigitte; Widmann Peter; Die Lage von Kindern aus Roma-Familien in Deutschland; in Zwischen Integration und Isolation; a.a.O.; S. 29

gehen[16]. Auch sind sie häufiger arbeitslos und beziehen Transferleistungen. Allerdings zeigen sich auch dahingehende Tendenzen, dass sich Aufsteiger herausbilden. Für jene, die sich einen gewissen Wohlstand erarbeiten können, eine erfreuliche Entwicklung. Allerdings zeigt sich auch bei Sinti und Roma eine Tendenz zur Aufspaltung in gute und schlechte Wohngebiete, vor allem bei Alteingesessenen[17]. Die Wohlhabenderen ziehen fort und die Ärmeren bleiben zurück, oder werden infolge der Gentrifizierung verdrängt. Mit all den Konsequenzen, die solch eine Entwicklung hat.

Für Romaflüchtlinge ist die Situation wesentlich prekärer[18]. Für Flüchtlinge besteht in der Bundesrepublik Ausbildungs- und Arbeitsverbot, sie haben keinen Anspruch auf Sprachkurse und zu allem Überfluss besteht in einigen Bundesländern (namentlich: Hessen, Baden-Württemberg und Saarland) nicht einmal eine Schulpflicht für Asylsuchende. Mit dem Scheinargument, Flüchtlinge blieben doch nur für eine begrenzten und kurzen Zeitraum, wird ihnen massiv der Zugang zu Bildung und Arbeit verwehrt; dadurch werden sie in illegale Beschäftigungsverhältnisse gedrängt, in denen sie ideal ausgebeutet werden können[19]. Tatsächlich jedoch dauert dieser „kurze" Aufenthalt oft 10 Jahre oder länger und gerade

---

16 Strauß, Daniel; Zur Bildungssituation von deutschen Sinti und Roma; in Aus Politik und Zeitgeschichte (ApuZ 22-23/2011), Sinti und Roma; Bundeszentrale für politische Bildung (Hrsg.); Bonn 2011; S. 53

17 Mihok; Widmann; in Zwischen Integration und Isolation; a.a.O.; S. 23

18 Ebd.; S. 25ff.. Soweit nicht anders angegeben, stützen sich die nachfolgenden Angaben auf diese Quelle.

19 Einen weiterführenden Gedanken hierzu bei: Pigors, Ianka; Asylrecht ist Menschenrecht. http://www.sozialismus.info/2012/11/asylrecht-ist-menschenrecht/ (abgerufen: 08.09.2013)

Roma, als eine besonders stigmatisierte Gruppe, trifft dies hart. Im Bildungsbereich zeigen sich vielfach Probleme, die sich auf die Unterbringung und den Aufenthaltstitel zurückführen lassen. Kinder von Flüchtlingen sind unruhig und unkonzentriert aufgrund der ständigen Angst vor der Abschiebung, welche bevorzugt mitten in der Nacht durchgeführt werden, häufige Umzüge und beengter Wohnräume. Schlechte Anbindung an das öffentliche Verkehrsnetz und abgeschiedene Lage von Flüchtlingsheimen verschärfen viele Probleme noch. Allerdings kann von Desinteresse keine Rede sein. Es mag einzelne Roma geben die an Bildung nicht interessiert sind, oft werden Bildungsangebote jedoch bei entsprechender Aufklärung und Betreuung gut angenommen. Eine Sozialarbeiterin aus Köln, befragt im Rahmen einer von der TU-Berlin durchgeführten und von UNICEF in Auftrag gegebenen Studie, äußerte sich folgendermaßen:

> „Der mangelnde Schulbesuch, den wir lange gehabt haben, lag nicht an der fehlenden Bereitschaft der Roma, ihre Kinder zur Schule zu schicken. […] Denn dort, wo die Kinder eingeschult wurden, sind sie auch gegangen. [...] Und es gibt keine Roma-Community, die sagt, wir interessieren uns nicht für die Schule. Es gibt Familien, die damit kokettieren. Und es gibt auch welche, die kein Interesse haben, aber das ist eben nicht durchgängig so. [...]"[20]

Flüchtlinge und speziell Romaflüchtlinge leben deswegen am Rande der Gesellschaft, weil es politisch gewollt ist.

Eine weitere Verschlechterung bedeutete das Rückführungsabkommen mit dem Kosovo im Jahre 2010. Viele Flüchtlin-

---

20 Zitiert nach: Mihok; Widmann; in Zwischen Integration und Isolation; a.a.O.; S. 62.

ge, die infolge des Kosovokrieges geflohen sind, waren Roma. Nach der Unabhängigkeitserklärung Kosovos, wesentlich unterstützt von Deutschland, den USA, Großbritannien und Frankreich, konnte endlich solch ein Abkommen unterschrieben werden um die missliebigen Geflohenen loszuwerden. Mittels dieses Abkommens war es nun möglich, Flüchtlinge wieder in den Kosovo abzuschieben.

Viele der Abgeschobenen waren gut integriert, haben schon seit Jahren in Deutschland gelebt und gearbeitet, sprachen und sprechen auch jetzt noch Deutsch. Gerade deren Kinder sprechen häufig ausschließlich Deutsch und kennen die Sprache ihrer „Heimat" kaum oder gar nicht. Auch wurden Alte, Kranke und Kinder abgeschoben. Faktisch wurden all diese Menschen ins Elend geschickt. Die Arbeitslosigkeit im Kosovo liegt bei 45 Prozent, unter Roma sind es sogar annähernd 100 Prozent(!)[21]. Das Bildungs- und Gesundheitssystem ist marode. Aus Deutschland abgeschobene Kinder sind oft der albanischen oder serbischen Sprache nicht ausreichend mächtig und ihre Schulzeugnisse werden teilweise gar nicht anerkannt, was ihre Bildungschancen minimiert[22]. Um Sozialhilfe beantragen zu können, muss man vor der Flucht in der jeweiligen Gemeinde gemeldet gewesen sein und auch jetzt dort wieder Wohnraum besitzen[23]. Was schwer ist, viele Wohnun-

---

21 Amnesty International; Not Welcome Anywhere, Stop the Forced Return of Roma to Kosovo; London 2010, S. 40.

22 Knaus, Verena; Abgeschoben und vergessen, Zur Situation von Kindern aus Roma-, Ashkali- und Ägypter-Familien nach ihrer Rückführung in den Kosovo, UNICEF Kosovo und das Deutsche Komitee für UNICEF, 2011; S. 25 - 27

23 Dünnwald, Stephan; Kosovo, Bericht zur Lebenssituation von aus Deutschland abgeschobenen Roma, Ashkali und Angehörigen der Ägypter-Minderheit im Kosovo; 2009; S. 22
http://www.proasyl.de/fileadmin/fm-dam/q_PUBLIKATIONEN

gen und Häuser wurden im Zuge des Jugoslawienkrieges beziehungsweise Kosovokrieges zerstört oder wurden vor der Flucht zu Schleuderpreisen verkauft.

Als Feigenblatt legte die Bundesregierung das Programm „Ura" (albanisch für „die Brücke") auf. Wer freiwillig nach Kosovo zurückkehrt erhält sechs Monate lang (Verlängerung um weitere sechs Monate möglich) oder einmalig einen Essens-, Miet- und Lohnkostenzuschuss und andere kleinere Leistungen wie zum Beispiel Geld für Medikamente. Allerdings nutzen es Arbeitgeber vorrangig um kostenlose Arbeitskräfte zu finden und nach Auslauf der „Förderung" werden die betroffenen entlassen[24]. Bei einer so hohen Arbeitslosigkeit macht eine solche „Förderung" auch kaum Sinn; davon abgesehen, dass sie nur befristet ist. Der Absturz ins Elend wird in den allermeisten Fällen nur aufgeschoben.

/Kosovo_Bericht_2009.pdf (abgerufen:08.09.2013)
24 Ebd.; S. 25

Die Geschichte der Roma – kein lustiges Zigeunerleben

Die Hypothesen und Theorien zur Herkunft der Roma, zu ihrer „Urheimat" und ihrer Wanderung nach Europa sind zahlreich. Tatsächlich kann nur wenig als gesichert gelten. Problematisch an einer Darstellung der Geschichte der Roma ist auch, dass diese keine Zeugnisse hinterließen, da Romanes keine Schriftsprache war[25] und sie in keinen Teil Europas zur herrschenden Schicht beziehungsweise Klasse gehörten. Daher bedeutet Geschichte der Roma, vor allem je weiter in die Geschichte zurückgegangen wird, Geschichtsschreibung über und nicht von Roma. Sicher ist, dass ihre Vorfahren im Laufe von mehreren Jahrhunderten aus Indien über den Nahen Osten und Kleinasien in mehreren Schüben nach Griechenland und in die Balkanregion einwanderten, die spanischen Roma sind vermutlich über Nordafrika eingewandert. Als Beleg dafür wird die Ähnlichkeit des Romanes mit dem Sanskrit und anderen Sprachen des indischen Subkontinents angeführt. Im Mittelalter führte man ihre Herkunft auf Ägypten zurück[26].

---

25 Versuche einer Verschriftlichung sind erst in jüngerer Zeit gemacht worden.

26 Bogdal, Klaus-Michael; Europa erfindet die Zigeuner, Eine Geschichte von Faszination und Verachtung; Bundeszentrale für politische Bildung; Bonn 2011; S. 37
Anfänglich wurden die Roma als Symbol für die Flucht des Herrn nach Ägypten angesehen. Später wurde dieses Bild umgekehrt. Die Roma wären zur ewigen Wanderschaft verflucht worden, da sie der heiligen Familie die Unterkunft verwehrt hätten oder die Nägel für Jesus Kreuzigung geschmiedet hätten.
Vgl. dazu auch: Wippermann, Wolfgang; „Auserwählte Opfer?", Shoah und Porrajmos im Vergleich; Frank & Timme; Berlin 2012; S. 15f.

Zunächst wurden sie zwar noch allgemein geduldet, aber meist blieb ihnen nur ein Platz am unteren Rande der Gesellschaft.

Im heiligen römischen Reich schützte sie anfangs noch ein Schutzbrief des Kaisers Sigismund[27] (Kaiser von 1433-1437). Doch schon 1497 hob der Reichstag zu Lindau diesen wieder auf und die Roma wurden zu Vogelfreien erklärt[28]. Die mittelalterliche Welt befand sich in einem zunehmenden Zustand des Wandels und Umbruches. Die Stadtbevölkerung wurde zunehmend selbstbewusster, der niedere Adel verlor immer mehr an Bedeutung, Konflikte zwischen Bauern und Grundherren, zunehmende Konflikte mit der Kirche, im Osten die Osmanen usw. usf. In dieser Zeit der Umwälzungen stellte die gefühlte Fremdheit der Roma einen wunderbaren Sündenbock dar, in den alles Negative hineinprojiziert werden konnte. Ein häufiger Vorwurf war die angebliche Spionage für die Osmanen. Dieser Vorwurf der Spionage wurde noch mehrere Jahrhunderte später gegen sie verwendet[29]. Des Weiteren wurden Arme und Bettler zunehmend als Schmarotzer empfunden, wo sie vorher zumindest als Stand anerkannt waren. Außerdem stellten die Roma allein durch ihre Existenz eine Bedrohung oder zumindest eine Provokation der herrschenden Klassen dar. Sie waren in der Regel nicht durch Lehnseid oder Grundherrschaft an diese gebunden. Dies

---

27 Bastian, Till; Sinti und Roma im Dritten Reich, Geschichte einer Verfolgung; C. H. Beck-Verlag; München 2001, S. 11.

28 Ebd.; S. 14.

29 Beispielsweise warfen Deutsche wie Franzosen den Roma und Sinti vor, während des ersten Weltkrieges jeweils für die Gegenseite spioniert zu haben. Ein durch nichts zu belegender, haltloser Vorwurf. Viele Sinti und Roma nahmen sogar als Soldaten am Weltkrieg teil und starben für ein „Vaterland" welches für sie nur Verachtung übrig hatte.

stellte ihre Herrschaft in Frage und konnte schwerlich von diesen geduldet werden. In Deutschland wurden zwischen dem 16. und 18. Jahrhundert weit über 100 Verordnungen erlassen[30], welche jegliche Art von Gewalt gegen Roma und Sinti erlaubte.

Die Politik gegen Roma war, sowohl was das Reich anbelangte, als auch den Rest Europas, nicht immer einheitlich; die Verfolgung nicht überall gleich intensiv. Roma konnten sich zum Beispiel im Dreißigjährigen Krieg (1618 bis 1648) durchaus auch als Söldner verdingen, da in diesem Hauen und Stechen „Menschenmaterial" benötigt wurde und in Südoststeuropa besetzten sie zum Teil sehr wichtige ökonomische Nischen.

Später zeigte die Politik gegen die Roma immer mehr auch eine Tendenz zur Zwangsassimilierung. Unter der österreichischen Kaiserin Maria Theresia wurden im 18. Jahrhundert Roma verpflichtet sich niederzulassen[31], ihre Dörfer durften sie nur mit Genehmigung der Behörden verlassen. Außerdem wurden sie der staatlichen Gerichtsbarkeit unterstellt und zum Militärdienst eingezogen. Es war ein Versuch sie zu sesshaften Bauern umzuerziehen. Bedeutete dies noch in einigen Punkten eine Gleichstellung, so bedeuteten die weiteren Maßnahmen der Kaiserin und ihrer Nachfolger eine scharfe Repression. Den Roma wurde ihre Sprache und Kleidung

---

30 Winckel, Ännecke; Antiziganismus, Rassismus gegen Roma und Sinti im vereingten Deutschland; Unrast-Verlag; Münster 2002; S. 12

31 Samer, Helmut; Maria Theresia und Joseph II., Assimilationspolitik im aufgeklärten Absolutismus; Rombase; Dezember 2001 http://romani.uni-graz.at/rombase/cgi-bin/art.cgi? src=data/hist/modern/maria.de.xml / (abgerufen: 08.09.2013) Soweit nicht anders angegeben, stützen sich die nachfolgenden Angaben auf diese Quelle.

verboten. Schlimmer war jedoch, dass ihnen ihre Kinder ab dem fünften Lebensjahr entzogen und in Obhut von Bauern anderer Ethnien gegeben wurden. Solche Maßnahmen repräsentierten Unterdrückung und wurden logischerweise auch als solche empfunden. Heute noch herrscht unter einigen Romafrauen die Angst, dass jemand ihnen die Kinder wegnehmen könnte. Es waren unter anderem Maßnahmen in dieser Art, die sie ins „Nomadentum" drängten.

Vor allem in Südosteuropa war ihre Situation zwar oft genauso prekär, allerdings konnten sie hier, wie vorher bereits erwähnt, wichtige ökonomische Nischen besetzen. Ursache für diese Entwicklung war unter anderem, dass sich das Stadtwesen, im Gegensatz zu Westeuropa, nicht so blühend entwickelte. Dadurch blieben für sie wichtige Berufsgruppen frei, vor allem Schmiedeberufe[32]. Viele von ihnen arbeiteten als Kesselflicker, als Werkzeug- , Huf- oder Waffenschmied, aber auch als Musiker, Korbflechter und Pferdehändler[33]. Die Namen einiger Teilgruppen gehen auf diese traditionellen Berufe zurück. So leitet sich zum Beispiel der Name der Kalderasch vom rumänischen Wort für Kessel (caldare) ab.

An diesem Punkt sollten zwei Sachverhalte klargestellt werden. Der erste: Die Roma und Sinti mögen schon jahrhundertelang verfolgt und gedemütigt worden sein. Völlig abgeschieden von der restlichen Bevölkerung, die nicht zu den Roma gehörte, waren sie nicht. Gewiss war es oft ein nebeneinander, aber gerade in Regionen wie dem Balkan war die gegenseitige Beeinflussung von Kulturen, Sprachen und Reli-

---

32 Teichmann, Michael; Handwerksberufe; Rombase; November 2002.
    http://ling.uni-graz.at/~rombase/cgi-bin/art.cgi?
    src=data/ethn/work/prof-craft.de.xml (abgerufen: 08.09.2013)
33 Opre roma! Erhebt euch!; a.a.O.; S. 44.

gionen groß[34], auch was die Roma und Nicht-Roma anbelangt. Heutzutage sprechen auch viele Roma zwei oder drei Sprachen und überhaupt gibt es „die Roma" nicht. Sinti und Roma sind kulturell und religiös sehr heterogen. In Bulgarien und Mazedonien sind etliche Roma Muslime, deutsche Sinti oft Katholiken und in Serbien sind viele von ihnen orthodox getauft. Manchmal vermischten sich auch muslimische und christliche Glaubensinhalte mit anderen Bräuchen.

Nicht einmal "ihre" Sprache, das Romanes, sprechen alle und diese ist auch noch in sehr unterschiedliche Dialekte aufgeteilt, welche von den Umgebungssprachen stark beeinflusst wurden. Der Anteil von „falschen Freunden"[35] zwischen den

---

34 Der Balkan mag dem Westeuropäer als eine besonders bunte Ausnahme erscheinen. Doch scheint dieser eher die Regel als eine Ausnahme darzustellen. Nationalstaaten, mit genau abgegrenzter und homogener Bevölkerung, d.h. mit einer kulturell, religiös und sprachlich ähnlichen oder sogar einheitlichen Bevölkerung, sind eine sehr junge und oft auch blutige Entwicklung gewesen. Ganz davon abgesehen, dass selbst diese nicht homogen sind, geschweige den waren. Beispielsweise lebten vor den Weltkriegen in Deutschland größere und kleinere polnische und litauische Minderheiten, und nicht nur in ihren „angestammten" Siedlungsgebieten. Erinnert sei zum Beispiel an die „Ruhrpolen". Dänen, Friesen, Sorben und Sinti/Roma leben auch heute noch als (staatlich anerkannte) Minderheiten in Deutschland, von eingewanderten Gruppen gar nicht zu sprechen. Außerdem haben sich die Kulturen und Sprachen, welche wir mit Etiketten wie „deutsch", „französisch", „russisch" usw. versehen, aus einem Zusammenspiel von regionalen und überregionalen Einflüssen entwickelt und diese verändern sich beständig weiter.

35 „Falsche Freunde" sind Wörter zweier unterschiedlicher Sprachen oder Dialekte die ähnlich geschrieben oder gesprochen werden, aber unterschiedliche Bedeutungen haben. Ein schönes Beispiel sind *actual/ actually* im Englischen und *aktuell* im Deutschen. Ersteres bedeutet soviel wie tatsächlich, letzteres soviel wie gegenwärtig, auf die Gegenwart bezogen. Dies wird schon zu manchem

einzelnen Dialekten kann sehr hoch sein. Die Sprache der spanischen Kalé, das Caló, hat sich sogar so weit von den restlichen Romanisprachen entfernt, dass es mittlerweile gar nicht mehr als eine solche gilt und als Varietät des Spanischen eingeordnet wird. Darüber hinaus haben auch die Roma ihre Umgebung kulturell beeinflusst. Beispiel: Der Flamenco, das andalusische Kulturgut par excellence, wurde erheblich durch die Kalé mitgeprägt.

Der zweite Sachverhalt: Dass bestimmte Ethnien mehrheitlich bestimmte wirtschaftliche Positionen einnehmen ist kein „Romaphänomen". Vielmehr war es eine in der Geschichte der Menschheit nicht selten zu beobachtende Tendenz, dass infolge konkreter politischer, ökonomischer oder anderer Entwicklungen, es zu einer „Arbeitsteilung" zwischen den Ethnien kam. Ein markantes Beispiel hierfür ist das zaristische Russland. 1897 waren circa 35 Prozent der Juden Russlands in Handwerk und Industrie beschäftigt[36], im Handel und Kreditwesen waren es rund 30 Prozent[37], ihre Einnahmen waren jedoch oftmals sehr dürftig. Um die 90 Prozent der Ukrainer, der Rumänen Bessarabiens[38] oder auch der Weißrussen waren Bauern[39]. Die Armenier außerhalb des armenischen Kernlandes spielten lange Zeit eine wichtige Rolle in Russlands Orienthandel[40]. Für andere Länder und Regionen lassen sich ähnliche Beispiele finden. Einen weiteren Grund, warum Roma in bestimmten Berufen häufiger anzu-

---

Missverständnis geführt haben.

36 Kappeler, Andreas; Rußland als Vielvölkerreich, Entstehung, Geschichte, Zerfall; C. H. Beck-Verlag; München 2001; S. 253.

37 Ebd.; S. 254.

38 Die Region Bessarabien entspricht dem heutigen Moldawien.

39 Rußland als Vielvölkerreich; a.a.O.; S. 253.

40 Ebd.; S. 119.

treffen waren, lässt sich außerdem noch für Rumänien finden.

Im heutigen Rumänien gerieten nämlich die Roma in die Sklaverei. Aufgrund dieses Status durften sie nur bestimmte Berufe ausüben und kein Land erwerben. Auch war es ihnen nur in bestimmten Gebieten erlaubt sich niederzulassen und auch hier konnten ihnen infolge ihres Status die Kinder weggenommen werden. Sie waren faktisch rechtlos[41]. Ein weiterer Grund in anderen Teilen Europas oder der Welt sein Heil zu suchen. Erst um 1855/1856[42] wurde die Sklaverei dann endlich abgeschafft. An den Folgen eben jener leiden sie heute noch; ähnlich der schwarzen Bevölkerung in den USA oder Südafrikas.

Es lässt sich also nicht behaupten, dass die Roma und Sinti sich nicht in die Gesellschaft integrieren wollten, sondern ihnen wurde es durch Verfolgung und Vertreibung, durch „Integration" mit repressivsten Mitteln, Verboten und Sklaverei schwer gemacht. Vor diesem Hintergrund kann ein Misstrauen gegenüber der Mehrheitsgesellschaft nicht verwundern.

Zur größten Tragödie für die Sinti und Roma sollte allerdings „erst" das 20. Jahrhundert werden. Ihre Diskriminierung wurden zunehmend rassisch begründet. Arbeitsscheue, Nomadentum und Kriminalität würden ihrer „Rasse" entspringen.

---

41 Opre roma! Erhebt euch!; a.a.O.; S. 45f.
42 Ebd.; S. 46. sowie Teichmann, Michael; Geschichte der Vlach-Roma; Rombase; November 2001.
    http://romani.uni-graz.at/rombase/cgi-bin/art.cgi?
    src=data/hist/modern/vlach.de.xml (abgerufen: 10.09.2013).

Im deutschen Kaiserreich ab Bismarck und auch in der Weimarer Republik wurden Gesetze und Anweisungen „zur Bekämpfung der Zigeunerplage" erlassen. „Zigeuner", oder wer als solcher galt, wurden zunehmend systematisch erfasst[43]. 1899 wurde die sogenannte „Zigeunerzentrale" als Spezialeinheit der Münchener Polizei eingerichtet[44]. Sie befasste sich mit der systematischen Erfassung und Überwachung der Sinti und Roma. Der Leiter dieser Behörde, Alfred Dillmann, erstellte 1905 das sogenannte „Zigeunerbuch", in welchem wie in einem Steckbrief unter anderem Name, Geburtsort, Heimat, Staatsangehörigkeit, Beruf, Vorstrafen, körperliche Merkmale usw. vermerkt worden waren[45]. 1911 wurde angeordnet, dass von allen Sinti und Roma Fingerabdrücke zu nehmen und in der „Zigeunerzentrale" zu archivieren seien, später wurden auch Standesämter angewiesen, Informationen an diese Zentrale weiter zu leiten. Auch diese Informationen fanden Eingang in dieses Buch, es wurde fortwährend ergänzt und wurde sogar im Buchhandel(!) verkauft[46]. Nach dem ersten Weltkrieg übernahm diese Behörde reichsweite Funktion. In der Weimarer Republik wurden sie weiterhin diskriminiert, beispielsweise wurde in Preußen 1927 eine spezielle Ausweispflicht eingeführt; Sinti und Roma mussten einen „Zigeunerpass" mit Lichtbild und Fingerabdrücken ständig bei sich führen[47].

Durch diese umfassende Überwachung, Erfassung und Archivierung war es den Faschisten nach ihrer Machtübernahme 1933 ein leichtes die Roma noch viel umfassender auszu-

---

43 Vgl. dazu: Sinti und Roma im Dritten Reich; a.a. O. S.18ff. sowie Antiziganismus; a.a.O. S.24ff.
44 Sinti und Roma im Dritten Reich; a.a.O. S. 21.
45 Ebd.; S. 22.
46 Ebd.; S. 23.
47 Ebd.; S. 27.

sondern und letztlich in die Gaskammern zu schicken. Wie die jüdische Bevölkerung waren sie auch von den Nürnberger Gesetzen betroffen[48]. Ehen und auch der Geschlechtsverkehr zwischen „Zigeunern" und „Ariern" wurden verboten. 1936 wurde die „Rassenhygienische und Erbbiologische Forschungsstelle des Reichssicherheitshauptamtes" eingerichtet[49]. Geleitet wurde sie von Dr. Robert Ritter, zwar kein NSDAP-Mitglied, aber überzeugter Anhänger des Rassenwahns und der Illusion vom „geborenen Verbrecher". Ritter und seine Mitarbeiter war an tausenden Gutachten beteiligt, in denen Menschen bescheinigt wurde ob sie „Voll-Zigeuner", „Zigeuner-Mischling" oder „Nicht-Zigeuner" waren. Sie entschieden damit über Leben, Sterilisation oder Gaskammer. So gut wie alle dieser „Zigeunerforscher" blieben nach dem zweiten Weltkrieg straffrei und wurden nie zur Rechenschaft gezogen, nicht wenige konnten sogar jahrelang und ungestört weiter „Forschen" und „Begutachten".

Die „Zigeunerzentrale" ging in die „Reichszentrale zur Bekämpfung des Zigeunerunwesens" in Berlin auf, von wo aus die Vernichtung der europäischen Roma und Sinti zentral geplant und organisiert wurde[50]. 1936 sollte Berlin vor den Olympischen Spielen „gesäubert" werden. 600 Sinti und Roma wurden im Zwangslager Marzahn konzentriert und ab 1943 in das Vernichtungslager Auschwitz-Birkenau deportiert und ermordet. In anderen Teilen Nazideutschlands wurden

---

48 „Auserwählte Opfer?"; a.a.O.; S. 31f.

49 Vgl. dazu: Sinti und Roma im Dritten Reich; a.a. O. S. 38ff. und S. 81ff. sowie „Auserwählte Opfer?"; a.a.O.; S. 28ff. Soweit nicht anders angegeben, stützen sich die nachfolgenden Angaben auf diese Quellen.

50 Sinti und Roma im Dritten Reich; a.a. O. S. 43ff. Soweit nicht anders angegeben, stützen sich die nachfolgenden Angaben auf diese Quelle.

ähnliche Lager eingerichtet. 1938 wurden im Zuge der Aktion „Arbeitsscheu Reich" Hunderte in „Schutzhaft" genommen und in Konzentrationslager verschleppt, am 7. Oktober 1939 wurde es ihnen durch den Festsetzungserlass Himmlers verboten, ihren Aufenthaltsort zu verlassen. Mit Ausbruch des Zweiten Weltkrieges begannen im großen Stil die reichsweiten Deportationen in die Konzentrations- und Vernichtungslager.

Durch die Eroberung großer Teile Europas durch Nazideutschland und der mit ihm verbündeten Staaten wurden auch die Roma außerhalb des dritten Reichs Ziel des Vernichtungsapparates. Auf dem Gebiet des zerschlagenen Jugoslawiens wurden sie von der faschistischen Ustascha-Regierung[51] in Konzentrationslager eingepfercht und ermordet. Andere fielen der „Partisanenbekämpfung" der Wehrmacht zum Opfer. Um den Widerstand der jugoslawischen Partisanen zu brechen nahm die Wehrmacht Geiseln, die nach Angriffen von Partisanen, bei denen deutsche Soldaten verletzt oder getötet wurden, hingerichtet wurden. Die meisten Opfer die Jugoslawien nach dem Krieg zu beklagen hatte waren keine Partisanen, sondern Zivilisten[52]. Aus Frankreich und den Benelux-Staaten wurden sie nach Osten in die Todeslager deportiert. Das Vichy-Regime erwies sich als besonders hilfsbereit bei der Auslieferung von Roma an Nazideutschland, fast 30.000 wurden ausgeliefert und damit dem sicheren Tod

---

51 Die Ustascha (kroatisch: Ustaša) war ein 1929 gegründeter faschistischer Geheimbund, dessen Ziel die Errichtung eines großkroatischen Staats war. 1941 kam die Ustascha, nachdem ein kroatischer Vasallenstaat der Achsenmächte gegründet wurde, an die Macht und erwies sich als treuester Verbündeter Hitlers auf dem Balkan. Dem Terror der Ustascha fielen hunderttausende Juden, Roma, Serben und Antifaschisten zum Opfer.

52 Sinti und Roma im Dritten Reich; a.a. O.; S. 74.

preisgegeben[53]. Auch in Italien wurden die Roma verfolgt, doch erst mit dem Zusammenbruch des italienischen Faschismus und der darauf folgenden Besetzung durch Hitlers Armee wurden sie auch von hier in die Vernichtungslager verschleppt. Gleiches ereignete sich ab Oktober 1944 in Ungarn, nachdem die faschistische Pfeilkreuzlerpartei[54] die Macht übernommen hatte.

Nur in wenigen besetzten Ländern konnten Roma der Vernichtung in größerer Anzahl entgehen, unter anderem in Dänemark, Griechenland und Bulgarien (durch ihren muslimischen Glauben genossen sie einen gewissen Schutz durch ihre Religionsführer)[55]. Insgesamt überlebten den Porajmos[56] zwischen 300.000 bis 500.000 Roma nicht[57]. Nur wenige Familie hatten keine Angehörigen verloren. Nach diesem Trauma sollte jedoch die nächste Demütigung auf sie warten.

Kaum ein Sinti oder Roma konnte nach dem 2. Weltkrieg darauf hoffen eine noch so kleine Entschädigung für das erlittene Unrecht zu erhalten. Opfergruppen wie die Roma, „Asoziale" und Zwangssterilisierten hatten die höchste Ablehnungsquote bei Entschädigungsanträgen, sowohl in der

---

53 Ebd.; S. 76.
54 Die Pfeilkreuzlerpartei wurde 1939 gegründet. Mehrere Vorläuferorganisationen wurden von ungarischen Regierungen verboten. In ihrer ideologischen Ausrichtung kann sie als ein ungarisches Pendant des deutschen Faschismus bezeichnet werden. 1944 übernahmen die Pfeilkreuzler, durch einen von Nazideutschland unterstützten Putsch, die Macht in Ungarn und beteiligten sich eifrig am Völkermord. Erst der Einmarsch der Roten Armee setzte dem ein Ende.
55 Sinti und Roma im Dritten Reich; a.a. O.; S. 76.
56 Zu Deutsch: das Verschlingen.
57 Sinti und Roma im Dritten Reich; a.a. O.; S. 79.

BRD als auch in der DDR[58]. Die Verfolgung der Roma wäre eben nicht rassistisch motiviert, sondern wäre in ihrer „Asozialität" begründet gewesen. Der Bundesgerichtshof bestätigte dies Praxis 1956 und begründete dies wortwörtlich wie folgt:

> „Die Zigeuner neigen zur Kriminalität, besonders zu Diebstählen und zu Betrügereien. Es fehlen ihnen vielfach die sittlichen Antriebe zur Achtung vor fremden Eigentum, weil ihnen wie primitiven Urmenschen ein ungehemmter Okkupationstrieb eigen ist"[59].

Das erlittene Unrecht wurde in der Regel ignoriert. Bis in die 60er Jahre traten sogar Personen, die direkt an der Verfolgung beteiligt waren, als Gutachter in Entschädigungsverfahren auf(!). Es ist einzig und allein einer (heute in der Bevölkerung leider recht unbekannten) Bürgerrechtsbewegung der Sinti und Roma zu verdanken, dass dieses Thema wieder in die Öffentlichkeit gelangte.

Doch nicht nur in diesem Bereich wurden sie weiterhin diskriminiert. Polizeibeamte, welche schon im dritten Reich an ihrer Verfolgung beteiligt waren, wurden weiterhin in Sonderabteilungen zur Bekämpfung und Überwachung der Roma eingesetzt[60]. Es wurde nach wie vor versucht sie zu ghettoisieren und dies leider oft erfolgreich. Sinti und Roma wurden abgelegene Wohnwagenplätze, ohne Strom und Wasser oder Anbindung an das städtische Leben zugewiesen. Damit ver-

---

58 Antiziganismus; a.a.O.; S. 36ff., 42.
59 Zitiert nach: Antiziganismus; a.a.O.; S. 37.
60 Antiziganismus; a.a.O.; S. 33ff. und Mihok; Widmann; in Zwischen Integration und Isolation; a.a.O.; S. 19ff. Soweit nicht anders angegeben, stützen sich die nachfolgenden Angaben auf diese Quelle.

suchten Kommunen ihnen die Ansiedlung in der eigenen Kommune so schwierig wie möglich zu machen. Praktischerweise konnte man ihnen dann auch weiterhin vorwerfen nicht sesshaft werden zu wollen. Diese Politik hielt bis in die 70er Jahre, in einigen Teilen BRD sogar bis in die 80er an.

Roma im Stalinismus

In den stalinistischen Staaten Osteuropas machten Roma eine besondere Entwicklung durch. In den stalinistischen Staaten bedurfte es vieler Arbeitskräfte zur Industrialisierung, auch die Roma sollten und mussten einbezogen werden. Sie wurden massenhaft in die Fabriken geholt und hatten dadurch in mancher Hinsicht erstmals Zugang zum industriellen Produktionsprozess und zu Bildung. 1960 betrug die Arbeitslosigkeit unter Roma in Ungarn 35 Prozent und 32 Prozent waren Gelegenheitsarbeiter. 1980 war die Anzahl von Gelegenheitsarbeitern auf 15 Prozent gesunken und 85 Prozent hatten einen permanenten Job[61]. Dadurch bestand die Möglichkeit, dass sich die Lebensverhältnisse von Roma und Nicht-Roma, wenn auch sehr, sehr langsam, annähern. Doch auch weiterhin wurden ihnen Aufstiegsmöglichkeiten verwehrt und damit blieben viele eher in den unteren Schichten konzentriert[62]. Roma wurden vor allem für Hilfsarbeiten her-

---

61 Zahlen zitiert nach: Mappes-Niediek, Norbert; Arme Roma, böse Zigeuner, Was an den Vorurteilen über die Zuwanderer stimmt; Ch. Links Verlag; Berlin 2012; S. 16.

62 Vgl. am Beispiel Ungarns: Barlai, Melani; Hartleb, Florian; in Aus Politik und Zeitgeschichte (ApuZ 29/2009), Ungarn; Bundeszentrale für politische Bildung (Hrsg.); Bonn 2009; S. 35f. sowie am Beispiel Rumäniens: Zecheru, Albert; Roma in Rumänien, Ausgrenzung par excellence; in ZAG; 54/2009; S. 31
online:

angezogen. Außerdem ging die Behörden auch sehr rabiat vor, um sie in den Produktionsprozess einzuspannen. Darüber hinaus wurden sie auch als ethnische Minderheit unterdrückt und hatten unter nationaler Borniertheit der bürokratischen Diktatur zu leiden. Sie wurden vor allem als rückständig in ihrer Lebenseinstellung und Kultur angesehen. Die Vorurteile im Staat und der Bevölkerung waren tief verankert, was natürlich dem Zentralkomitees zur Machterhaltung im Sinne von „divide et impera" gelegen kam. So wurden Roma außerordentlich häufig auf Sonderschulen verwiesen, obwohl sich selbst in diesen Ländern in Untersuchungen zeigte, dass sie eine normale Schullaufbahn hätten absolvieren können, wären sie nur frühzeitig gefördert worden. Im besonders autoritär regierten Rumänien unter Ceausescu wurde der kleine Teil der noch nicht sesshaften Roma zur Sesshaftigkeit gezwungen und über sie konnte Zwangsarbeit verhängt werden[63].

In einigen Ländern, zum Beispiel im eben erwähnten Rumänien, wurde ihre Existenz schlicht geleugnet und sie wurden als „rückständiger Teil" der Titularnation[64] umetikettiert[65]. Oft hieß das Ziel einfach nur völlige Assimilation statt Gleichberechtigung, weshalb in einigen Ländern des Ostblocks auch ihre Sprache und Kultur verboten wurde. Daher lässt sich schon erahnen was nach dem Zusammenbruch des Stalinismus geschah.

---

http://anti-ziganismus.de/artikel/roma-in-rumaenien--ausgrenzung-par-excellence/ (abgerufen: 14.09.2013)

63 Opre roma! Erhebt euch!; a.a.O.; S. 61ff.

64 Die Titularnation ist diejenige Nation, von der sich der Namen eines Staates herleitet. Zum Beispiel sind die Rumänen die Titularnation Rumäniens.

65 Roma in Rumänien, Ausgrenzung par excellence; a.a.O.

Roma waren meist die Ersten die entlassen wurden, da sie meist schlechter ausgebildet waren und die niedrigeren Bildungsabschlüsse hatten. Von den „Segnungen" des Kapitalismus bekamen die meisten Roma nichts ab und wurden damit zu den ersten und größten Verlierern der Wende. Daher wandten sich viele wieder notgedrungen und verstärkt ihren Familienstrukturen zu. Das es Roma gibt, die sich mit Müll sammeln oder Kriminalität über Wasser halten müssen, ist also nicht ihre Schuld. Nein, es ist die Schuld des kapitalistischen Wirtschaftssystems, welches sich unfähig zeigt ihnen einen angemessenen Lebensstandard zu sichern.

Wozu der Antiziganismus?

Simone de Beauvior, eine der wichtigsten Vertreterinnen des bürgerlichen Feminismus, schrieb einmal:

> „Ein Vorteil, den die Unterdrückung den Unterdrückern verschafft, besteht darin, dass noch der Geringste von ihnen sich überlegen fühlt: ein „armer Weißer" im Süden der USA kann sich damit trösten, dass er kein „dreckiger Neger" ist, und die wohlhabenderen Weißen beuten diesen Dünkel geschickt aus"[66].

Man tausche „ armer Weißer" und „dreckiger Neger" gegen „armer Ungar" oder „armer Deutscher" und „dreckiger Zigeuner" aus. Der Effekt bleibt der Gleiche. Diejenigen, die nichts oder wenig haben, erhalten die Möglichkeit ihre Situation als erträglicher wahrzunehmen. Man ist ja wenigstens kein „Zigeuner". Wenn die Bild wieder mal gegen „Bettel-Roma" schreibt oder jemand gegen die „asozialen" Roma wettert, wird genau dieses Gefühl bedient. Der eigene Status kann noch so gering sein, eine noch so niedere Existenz, man ist wenigstens kein „Zigeuner". Die Illusion der Ungleichwertigkeit der Menschen aufgrund von Religion, Geschlecht oder Ethnie kann ein enorm tröstendes Moment sein, auch wenn es die bestehenden Probleme nicht im Mindesten löst. Außerdem wird eine Einheit zwischen einem Teil der Unterdrücker und einem Teil der Unterdrückten hergestellt. Das Gefühl mit diesem in einem Boot zu sitzen kann von Aufbegehren gegen diese abhalten. Aus Konflikten zwischen sozia-

---

66 de Beauvior, Simone; Das andere Geschlecht, Sitte und Sexus der Frau; Rowohlt Taschenbuchverlag; Reinbeck bei Hamburg; Neuausgabe des Jahres 2000, 12. Auflage; S. 21.

len Klassen und Schichten werden Konflikte zwischen Ethnien.

Die Sinti und Roma erscheinen auch als Stellvertreter eines regelrechter Hasses gegen die Armen bzw. jene, die man mit Armut assoziiert. Soziales Elend mag existieren, soll aber bitte nicht sichtbar sein. Durch den Antiziganismus wird eben nicht Mitgefühl, oder im besseren Falle Solidarität, für die von Armut oder Diskriminierung betroffenen geschaffen, sondern Verachtung und Hass erzeugt, auch bzw. besonders wenn sich die Betroffenen wehren. Tatsächlich haben wohl auch anderweitig Unterdrückte ein zumindest subjektives „Interesse" daran. Es erscheint zumindest einfacher, den eigenen bedrückenden Zustand durch Unterdrückungsmechanismen wie Antiziganismus oder auch anderen wie Sexismus, Antisemitismus etc. aufrecht zu erhalten, als sich gegen die belastenden Zustände zu wenden. Wie gesagt: Wenigstens kein „Zigeuner" sein.

Der Antiziganismus besitzt aber auch eine disziplinierende Funktion. Den Roma werden bestimmte, nicht erwünschte Eigenschaften zugeschrieben und diese verdammt. Damit soll letztlich auch die restliche Bevölkerung von bestimmten Verhaltensweisen abgeschreckt werden. Ob es nun im Mittelalter die Wahrsagerei war oder heutzutage das Betteln. Andere Eigenschaften oder Verhaltensweisen sollen wiederum gefördert werden. Der Mensch im Kapitalismus soll unabhängig von seiner derzeitigen Lage angepasst sein. Diejenigen, welche von der Diskriminierung betroffen sind, sollen und werden genauso diszipliniert. Ein Großteil der Sinti fällt aus eben jenem Grunde nicht auf.

Mit Schlagworten wie „Zigeunerkriminalität" wird zudem von den sozialen und politischen Missständen abgelenkt. Es ist dann eben nicht mehr Thema, dass es immer noch Millionen Menschen gibt die arm sind oder der Kapitalismus sich in einer seiner größten Krisen seit langem befindet. Es wird auch nicht mehr diskutiert wem die herrschende Politik dient oder wie sich ein angemessenes Leben für jeden Menschen erreichen lässt, geschweige denn, dass gefragt würde warum einige „Zigeuner" kriminell werden müssen und wie sich dieser Zustand aufheben ließe. Nicht die Zustände, sondern Menschen, welche Ausdruck der gesellschaftlichen Zustände sind, werden bekämpft.

Die Ereignisse von Gyöngyöspata ereigneten sich bezeichnenderweise, als sich die Krise auch in Ungarn Bahn brach. Empörung, Wut und Frustration wendeten sich nicht gegen die Zustände, sondern lenkten sich gegen einen Teil der Bevölkerung, der das Pech hatte zur „falschen" Ethnie zu gehören. Ein quasi inoffiziell erlaubter Aufstand zum „Dampf ablassen". Auch wird die Illusion geschürt, dass mit dem Verschwinden der verachteten Menschengruppe, in diesem Falle die Roma, auch die Probleme verschwänden, für die sie schuldig gemacht werden. Doch es wäre naiv das zu glauben. Gesellschaftliche Probleme entstehen aufgrund von gesellschaftlichen Ursachen. Kriminalität, ethnische und religiöse Konflikte, Armut usw. haben im Großen und Ganzen im gesellschaftlichen System ihren Ursprung, nicht in herbei phantasierten Eigenschaften bestimmter Menschengruppen.

Doch der Kapitalismus wird diese Probleme nicht lösen können, ist er doch die Ursache dieser Zustände. Durch den Antiziganismus wird seine Herrschaft stabilisiert. Der Antiziganismus ist ein Machtmittel. Ob er nun bewusst oder unbewusst geschürt und genutzt wird spielt dabei keine Rolle. Auch nicht ob er vom Kapital, dem Staat, Medien oder auch von Teilen der arbeitenden Klasse unterstützt wird. Das Ergebnis ist immer dasselbe. Diejenigen, die zumindest ein objektives Interesse an einem Wandel der Zustände haben müssten, werden gespalten, diszipliniert oder abgelenkt. Mit jedem antiziganistischen Vorurteil wird die Herrschaft des Kapitalismus gefestigt.